BEI GRIN MACHT SICH IHR WISSEN BEZAHLT

AF144562

- Wir veröffentlichen Ihre Hausarbeit,
  Bachelor- und Masterarbeit

- Ihr eigenes eBook und Buch -
  weltweit in allen wichtigen Shops

- Verdienen Sie an jedem Verkauf

Jetzt bei www.GRIN.com hochladen
und kostenlos publizieren

GRIN

Bibliografische Information der Deutschen Nationalbibliothek:

Die Deutsche Bibliothek verzeichnet diese Publikation in der Deutschen National-
bibliografie; detaillierte bibliografische Daten sind im Internet über http://dnb.d-
nb.de/ abrufbar.

Impressum:

Copyright © 2014 GRIN Verlag, Open Publishing GmbH
Druck und Bindung: Books on Demand GmbH, Norderstedt Germany
ISBN: 9783668325258

Dieses Buch bei GRIN:

http://www.grin.com/de/e-book/337500/literatur-im-daf-unterricht-das-gedicht-
wir-von-irmela-bender-daf-niveau

Eleni Vlachou

Literatur im DaF-Unterricht. Das Gedicht „Wir" von Irmela Bender (DaF Niveau A2+)

GRIN Verlag

GRIN - Your knowledge has value

Der GRIN Verlag publiziert seit 1998 wissenschaftliche Arbeiten von Studenten, Hochschullehrern und anderen Akademikern als eBook und gedrucktes Buch. Die Verlagswebsite www.grin.com ist die ideale Plattform zur Veröffentlichung von Hausarbeiten, Abschlussarbeiten, wissenschaftlichen Aufsätzen, Dissertationen und Fachbüchern.

Besuchen Sie uns im Internet:

http://www.grin.com/

http://www.facebook.com/grincom

http://www.twitter.com/grin_com

**Postgraduiertenstudium
in Deutsch als Fremdsprache**

Studieneinheit:
Unterrichtsplanung, -gestaltung und -evaluation

Hausarbeit

*Literatur im DaF-Unterricht:
Eine theoretische und praktische Auseinandersetzung mit dem Thema*

vorgelegt von

Eleni Vlachou

Katerini, den 13.04.2014

Inhaltsverzeichnis

1. Einleitung

Drama, Epik und Lyrik. Das sind die Formen der Literatur, die Gattungen und Genres. Doch was ist Literatur? Die Definition dieses Begriffs ist nicht einfach, obwohl jeder versteht, was damit gemeint ist. Ein breiter und neutraler Definitionsversuch: Literatur ist die Gesamtheit alles ist schriftlich Aufgezeichneten. (Vgl. Meid 1999: 304)

Die vorliegende Arbeit befasst sich mit dem Einsatz von Literatur im deutschsprachigen Fremdsprachenunterricht. Ziel ist die theoretische und praktische Auseinandersetzung mit literarischen Texten im Unterricht DaF. Zu Beginn der Arbeit wird dafür argumentiert, dass Literatur im Fremdsprachenunterricht heute nicht fehlen darf. Anschließend daran wird eine Unterrichtssequenz geplant. Ein Didaktisierungsvorschlag zum Gedicht „Wir" von Irmela Brender wird gegeben. Es folgen die Planung zwei weiterer Unterrichtsstunden in der thematisch verbundenen literarische Texte, behandelt werden.

2. Literatur im DaF-Unterricht-Wozu? Eine Argumentation

Spricht man von Literatur in der Schule, denkt man sofort an den Sprachunterricht und zwar an den muttersprachlichen. Die literarischen Texte die behandelt werden berücksichtigen nationale und regionale Bezüge. (http://www. bildung-staerkt-menschen .de) Deren Einsatz hängt von der Schule und der Schulform auf die man landet ab. Doch was ist mit dem Einsatz literarischer Texte im Fremdsprachenunterricht? Spricht man vorigen Satz aus, erblickt man sehr oft Gesichtsausdrücke die das Ganze nicht befürworten und ablehnen. Die Rede ist hier ist nicht von Schülern sondern von DaF-Lehrkräften. Meistens werden der Schwierigkeitsgrad von literarischen Texten und der Zeitaufwand für deren Behandlung, als Argumente für den nicht Einsatz genannt. Doch hier ein paar Gegenargumente: Literarische Texte im FSU können motivieren. Kurze Gedichte, banale und humorvolle Schriftstücke können den Lernenden interessieren und amüsieren. Wichtig dabei ist es, dass die Lehrkraft einen Text aussucht, der den Interessen und dem Sprachniveau der Lernenden entspricht.

Hinzukommend können mit dem Einsatz von Literatur im DaF-Unterricht landeskundliche Informationen über die Zielsprachenkultur vermittelt werden. Durch die Behandlung literarischer Texte im Fremdsprachenunterricht wird den Lernenden die Möglichkeit angeboten die Kultur des Landes, bekannte Schriftsteller, Bräuche und die Mentalität kennenzulernen.

Darüber hinaus kann mit der Behandlung von Literatur im deutschsprachigen Fremdsprachenunterricht eine Erweiterung und Vertiefung des Wortschatzes erlangt werden. Literarische Texte enthalten Wörter, die in Alltagstexten nicht wieder zu finden sind. Nicht nur bekannte bzw. klassische Werke können gelesen werden; es gibt Autoren die interessant schreiben und über einen großen Wortschatz verfügen.

Zusätzlich dazu kann mit dem Einsatz literarischer Texte im Fremdsprachenunterricht die Sprachfähigkeit gefördert werden d. h. dass die Literatur einen Anlass zur Vertiefung der sprachlichen Fähigkeit stellt. Die Fertigkeit Lesen kann gut damit trainiert werden. Aussprache, Betonungen, Intonation können z. B. mit Gedichten und Reimen geübt werden.

Die Tatsache, dass die Behandlung von Literatur einen Anlass zur Diskussion bieten kann, ist ein weiterer Grund der für den Einsatz literarischer Texte im DaF-Unterricht spricht. Man kann sich über das angeschnittene Thema unterhalten, seine Meinung äußern also Stellung nehmen und Argumente dafür finden.

Hinzukommend kann die Literatur im Fremdsprachenunterricht als Mittel zum Erwerb oder zum Üben von Grammatik angesehen werden. Mit einem Gedicht kann z. B. eine Satzstruktur wie bei einer Pattern-Drill trainiert werden.

Mit literarischen Texten im FSU kann auch die Kreativität bzw. die kreative Arbeit gefördert werden. Der Lehrer kann den Schülern z. B. die Aufgabe geben einen Text zu Ende zu schreiben oder ihn in ein Theaterstück umzuwandeln; Der Ausgang einer Geschichte kann geändert, nach vorgelegtem Muster kann auch ein Eigentext geschrieben werden. Die Devise lautet: lasst der Phantasie und der Kreativität freien Lauf.

Alles in allem: Literatur kann im Fremdsprachenunterricht vielseitig und abwechslungsreich eingesetzt werden. Informationen können vermitteln, Grammatik und Syntax können geübt, Wortschatz kann eingeführt, wiederholt und vertieft werden. Meiner Ansicht nach gibt es zahlreiche und ausgesprochen gute Gründe, die den Einsatz von literarischen Texten in Fremdsprachenunterricht befürworten. Ist man dennoch nicht diese Überzeugung so sollte man zumindest auf keinen Fall die Literatur für den kommunikativen Fremdsprachenunterricht als unpassend ansehen. Wichtig für diejenigen, die den Literatureinsatz im FSU befürworten ist es, dass die ausgewählten Texte zielgruppengemäß sind; Ist das nicht der Fall, so ist das Ganze nicht wie vorgesehen abwechslungsreich und spaßig, sondern demotivierend, langweilig, anstrengend, schwierig, beängstigend und somit ein Misserfolg.

3. Planung einer Unterrichtssequenz in der literarische Texte behandelt werden

Neben dem Unterrichten selbst, ist die Vorbereitung und Planung des Unterrichts eine der Haupttätigkeiten der Lehrenden. „Mit Unterrichtsplanung wird jener Teil der Unterrichtswirklichkeit bezeichnet, in dem Entscheidungen darüber fallen, wie der Unterricht im Einzelnen ablaufen soll [...]." (Peterßen 1995:11) Didaktiker haben als Hilfsmittel unterschiedliche Konzepte und Unterrichtsmodelle entwickelt; das Konzept das hier zur Unterrichtsplanung und –vorbereitung benutzt wird, ist das Konzept bzw. Schema der schriftlichen Fixierung in Form einer Lehrskizze. Die Vorlage die hier benutzt wird ist die von Ehnert; Diese umfasst folgende Faktoren die die Durchführung der Unterrichtseinheit bestimmen: Ziele/Unterrichtsschritte, Interaktionen/Unterrichtsgeschehen, Sozialformen, Medien, Erläuterungen und Zeit. Die Lehrskizze ist im Anhang wiederzufinden. Das Didaktische Vorgehen wird als Text wiedergegeben.

3.1. Die Lernergruppe

Bei der Lerngruppe handelt es sich um sieben Erwachsene im Alter von 22-26 Jahren. Fünf davon sind weiblichen, zwei männlichen Geschlechts. Die LernerInnen sind alle griechischer Herkunft, das Sprachniveau ist A2+. Sie haben Lernerfahrung aus dem Kindergarten, dem muttersprachlichen Unterricht in der Grundschule, dem Gymnasium, dem Lyzeum und der Universität. Sie haben Englisch als erste Fremdsprache und mehrere Jahre DaF- Erfahrung. Bei der Institution handelt es sich um ein Sprachenzentrum in Katerini. Das Sprachenzentrum bietet das Erlernen von Deutsch, Englisch und Französisch an (je nach Sprache Niveau A1-C1/C2- Teilnahme gegen Gebühr). Im Sprachenzentrum sind insgesamt sechs Fremdsprachenlehrer bzw. Kursleiter eingestellt und 65 Lernende eingeschrieben. Folgende Medien sind vorhanden: Beamer, Interaktiver Whiteboard, Laptop, CD-Player, OHP, Fernseher. Zum Lernerprofil: Die Teilnehmer sind Deutschland, der D-A-CH Kultur und der deutschen Sprache gegenüber positiv gestimmt; Sie sind offen und interessiert für landeskundliche Informationen und möchten die Sprache so gut wie möglich beherrschen. Zu der Gruppendynamik ist folgendes festzuhalten: Es gibt ein gutes Verhältnis zwischen den Kursteilnehmern und es herrscht eine angenehme Atmosphäre.

3.2. Ein Didaktisierungsvorschlag zum Gedicht „Wir" von Irmela Bender

Der Lehrer begrüßt zu Beginn der Stunde die Schülerinnen und führt sie in die Thematik ein (siehe Anhang S.38-40). Bei der Einführungsphase/Vorentlastung wird ein Assoziogramm angefertigt. Es folgt die Präsentation des Gedichtes mit dem Titel „Wir" von Irmela Brender. Das Gedicht wir zunächst vom Lehrer etwas übertrieben was die Betonung und Aussprache anbetrifft vorgelesen. Mitgereicht wird eine Kopie (siehe Anhang III) mit einer Aufgabe, damit das Lesen zielgerichtet ist. Es folgt die Verständnissicherung. Danach wird mit Hilfe einer weiteren Aufgabe (siehe Anhang IV) lyrischer Fachjargon eingeführt. Im Anschluss daran sollen die Schüler zunächst verbal und danach schriftlich ihre Meinung zum Gedicht äußern (siehe Anhang V). Es folgt eine Aufgabe mit der das kreative Schreiben gefördert und bekannte Grammatik angewandt werden soll. Die Lerner sollen ein Gedicht mit dem Titel „Du" schreiben und dabei Präpositionen benutzen (siehe Anhang VI). Es folgt die Hausaufgabenerteilung (siehe Anhang VII). Gegen Ende der Stunde soll eine weitere Aufgabe, in der die Wiederholung einer grammatischen Struktur (Nebensätze) und das kreative Schreiben miteinander verbunden sind, gelöst werden (siehe Anhang VIII). Es folgt die Reflexion, die Motivierung auf die nächste Unterrichtsstunde und die Verabschiedung.

3.3. Die Behandlung thematisch verbundener literarischer Texte

3.3.1. Unterrichtsentwurf zum Gedicht „Für dich da" von Diane Rosenblatt

Der Lehrer begrüßt zu Beginn der Stunde die SchülerInnen. Anschließend daran wird die Hausaufgabenkontrolle durchgeführt. Danach werden die Schüler in die Thematik eingeführt (siehe Anhang S.41-43). Bei der Einführungsphase/Vorentlastung wird ein Bild gezeigt. Jenes soll anschließend daran beschrieben werden. Diese Beschreibung soll schriftlich fixiert werden. Es folgt eine weitere Schreibaufgabe, die mit dem Bild zusammenhängt. Ein Dialog, der zwischen den abgebildeten Personen geführt wird, soll angefertigt und vorgelesen werden. Es folgt die Präsentation des Gedichtes mit dem Titel „Für dich da" von Diane Rosenblatt.

Das Gedicht wird zunächst vom Lehrer vorgelesen. Mitgereicht werden zwei Kopien (siehe Anhang XI und XII) mit Aufgaben, damit das Lesen zielgerichtet ist. Es folgt die Verständnissicherung. Danach soll ein Assoziogramm angefertigt werden (siehe Anhang XII). Danach wird eine Aufgabe mit der bekannte Grammatik angewandt werden soll, erteilt. Die Lerner sollen einen Lückentext ergänzen und dabei Präpositionen benutzen (siehe Anhang XIII). Im Anschluss daran soll ein weiteres Bild beschrieben werden (siehe Anhang XIV). Es folgt die Hausaufgabenerteilung (siehe Anhang XV). Gegen Ende der Stunde soll eine weitere Aufgabe, in der die Wiederholung der grammatischen Struktur der Nebensätze und das kreative Schreiben miteinander verbunden sind, gelöst werden (siehe Anhang XVI). Es folgt die Reflexion, die Motivierung auf die nächste Unterrichtsstunde und die Verabschiedung.

3.3.2. Unterrichtsentwurf zur Kurzgeschichte „Trauer und Trost" von Peter Härtling

Der Lehrer begrüßt zu Beginn der Stunde die Schülerinnen. Anschließend daran wird die Hausaufgabenkontrolle durchgeführt (siehe Anhang S.44-47). Bei der Einführungsphase/Vorentlastung wird der Titel der Kurzgeschichte gezeigt. Es folgt die Präsentation der Kurzgeschichte „Trauer und Trost" von Peter Härtling (siehe Anhang XVII). Eine richtig-falsch Aufgabe sollen dabei gelöst werden (siehe Anhang XVIII). Es folgt die Verständnissicherung. Danach werden mit Hilfe einer weiteren Aufgabe (siehe Anhang XIX) die typischen Merkmale eine Kurzgeschichte eingeführt. Es folgen die Zusammenstellung eines Assoziogrammes (siehe Anhang XIX) und eine Aufgabe mit der das kreative Schreiben gefördert wird. Ein „Akrostichon" soll geschrieben werden (siehe Anhang XX). Danach wird mit Hilfe des S-O-S Prinzips das neue grammatische Phänomen des Präteritums eigeführt und die Regeln für diese Struktur erarbeitet (siehe Anhang XXII-XXIV). Es folgen zwei Übungen (siehe Anhang XXIV und XXV), die Kontrollphase und die Hausaufgabenerteilung (siehe Anhang IX). Danach wird eine weitere Übung gelöst. Dabei soll die Konjugation des Präteritums ‚gefestigt' werden (siehe Anhang XXVII). Es folgt die Reflexion, die Motivierung auf die nächste Unterrichtsstunde und die Verabschiedung.

4. Schlussfolgerung

Die Arbeit befasste sich mit der Planung einer dreistündigen Unterrichtseinheit in der literarische Texte behandelt wurden.

Zunächst wurde dafür argumentiert, dass Literatur im FSU nicht fehlen darf. Danach wurden einige Merkmale der vorliegenden Arbeit genannt (Bsp.: das Konzept der schriftlichen Fixierung in der Form der Lehrskizze). Es folgte sie Darstellung der Lernergruppe und der Lehrinstitution. Ein Didaktisierungsvorschlag zum Gedicht „Wir" von Irmela Brender wurde gegeben. Es folgten die Planung zwei weitere Unterrichtsstunden in der thematisch verbundenen literarische Texte von Diane Rosenblatt und Peter Härtling, behandelt wurden.

5. Literaturverzeichnis

Meid, Hans (1999): Sachwörterbuch zur deutschen Literatur. Stuttgart: Reclam

Martinelli, Luisa (): Literatur im DaF-Unterricht.
Online im Internet: http://luimartin.altervista.org/Literatur%20im%20DaF-Unterricht-sito%20web.pdf (10-04-14)

Ohne Autor (2010): Lyrix –Unterrichtsmaterialien.
Online im Internet:
www.google.gr/url?sa=t&rct=j&q=&esrc=s&source=web&cd=1&ved=0CCsQFjAA&url=htt
p%3A%2F%2Fwww.deutschlandfunk.de%2Flyrix-daf-januar2010-
liebe.download.e00d5650d5c6197b4b6e36c843473ded.pdf&ei=eWZJU5eCNcuGswah04GA
DA&usg=AFQjCNGsUwd0b0dxCm1e1nviMx0fsxQ8jQ&sig2=gAUmFc1r4uJAU0QljcXDN
A&bvm=bv.64542518,d.Yms (10-04-14)

http://wortwuchs.net/kurzgeschichte-merkmale/

Bilder:

https://www.google.gr/search?q=f%C3%BCr+den+einen+da+sein&client=firefox-
a&hs=jHz&rls=org.mozilla:de:official&channel=sb&source=lnms&tbm=isch&sa=X&ei=7sx
GU8_CKcrcsgbMyYH4CA&ved=0CAgQ_AUoAQ&biw=1440&bih=722#channel=sb&q=je
manden+helfen&rls=org.mozilla:de:official&tbm=isch&facrc=_&imgdii=_&imgrc=rwePFmj
bHGZVrM%253A%3BiCfwEPcdsaI_iM%3Bhttp%253A%252F%252Fwww.palverlag.de%2
52FBilder%252Ffrau-troestet-
mann.jpg%3Bhttp%253A%252F%252Fwww.palverlag.de%252Fdepressionen-
angehoerige.html%3B460%3B238

http://www.google.de/imgres?imgurl=http%3A%2F%2Fwww.wdr5.de%2Fsendungen%2Fleo
nardo%2Fservice%2Fservicepsychologie%2Ftrost102_v-
TeaserAufmacher.jpg&imgrefurl=http%3A%2F%2Fwww.wdr5.de%2Fsendungen%2Fleonar
do%2Fservice%2Fservicepsychologie%2Ftrost100.html&h=288&w=512&tbnid=Q0DRYwtL
-
ChgQM%3A&zoom=1&docid=SdHCQ2bzmHR0FM&ei=UNJHU8fiJun_ygPusoGIBA&tbm
=isch&iact=rc&dur=367&page=2&start=24&ndsp=28&ved=0CKkBEK0DMBk

https://www.google.gr/search?q=%CE%B6%CE%B5%CE%BC%CF%80%CE%B5%CE%B
A%CE%B9%CE%B1&client=firefox-
a&hs=3Ic&rls=org.mozilla:de:official&channel=sb&source=lnms&tbm=isch&sa=X&ei=heB
HU86mNumcyQPVtoAg&ved=0CAgQ_AUoAQ&biw=1440&bih=722#channel=sb&q=%C
E%B6%CE%B5%CE%B9%CE%BC%CF%80%CE%B5%CE%BA%CE%B9%CE%BA%C
E%BF+%CE%B1%CE%BD%CF%84%CF%81%CE%B1%CF%83&rls=org.mozilla:de:offic
ial&spell=1&tbm=isch&facrc=_&imgdii=_&imgrc=zR0nKng2byH8IM%253A%3Bo0SDYp

8

_9FTur4M%3Bhttp%253A%252F%252F4.bp.blogspot.com%252F_CKnpoTx6akE%252FTL nr7cA2jSI%252FAAAAAAAACpY%252FXzrHZvQPETU%252Fs1600%252FZEIBEKIKO %252BDavid%252BPrudhomme%252BMED%252BINTERNET%252BEXPLORER.jpeg% 252B2.jpeg%3Bhttp%253A%252F%252Fdistomo.blogspot.com%252F2010%252F11%252F blog-post_22.html%3B1333%3B892

http://sunday-news.wider-des-vergessens.de/wp-content/uploads/2012/07/Konversation.jpg

6. Anhang

Wir

Liest das Gedicht und ergänzt die Stichwörter in der Tabelle unten!

Wie verhältst du dich gegenüber einer Person die dir wichtig ist?

Verhalten im Gedicht	Persönliches Verhalten
-wenn du sprichst, dann bin ich still	

Aufgaben zum Gedicht

1) Welche Begriffe passen zu einem Gedicht? Kreuzt an!

der Absatz	
die Linie	
der Reim	
die Strophe	
der Vers	

2) Gibt Beispiele für die Begriffe aus dem Gedicht.

<u>Für wen glaubst du wurde dieses Gedicht geschrieben? Warum? Geht es dabei um Liebe zwischen einem Liebespaar/Familienmitgliedern etc.? Was denkst du?</u>

Schreib deine Meinung in ca. 150 Wörtern.

_____

_____

_____

_____

_____

_____

_____

_____

_____

_____

_____

_____

_____

_____

_____

Schreib ein Gedicht mit dem Thema „DU"

Verwendet ein paar Präpositionen die unten angegeben werden. Sucht die passenden Verben dazu.

mit dir, für dich, an dich, um dich
auf dich, über dich, in dich

Du

....

....

....

....

....

....

....

....

Hausaufgabe

Schreibt ein Gedicht mit dem Titel „WIR"!

WIR

_____

_____

_____

_____

_____

_____

_____

_____

_____

_____

Gib diesem Gedicht einen Titel und schreib es zu Ende!

_____

Ich mag dich, weil...

Ich bin gern mit dir, weil..

Ich will immer bei dir sein,

obwohl...

Ich bleibe bei dir,

wenn...

Ich komm dir, damit...

Ich schreibe ein Gedicht für dich, um .... zu.................

Ich mag dich, aber...

(Bild zeigt eine Frau und einen Mann. Die Frau umfasst die Schultern des Mannes. Der Man starrt bedrückt zu Boden.)

1) Seht euch das Bild eine Minute lang aufmerksam an.

Deckt es ab und schreibt zu zweit auf, was auf dem Bild zu sehen war. Dazu habt ihr vier Minuten Zeit. Gewonnen haben diejenigen, die das Bild am genausten beschrieben haben.

2) Schreibt einen Dialog für die Personen auf dem Foto.
3) Präsentiert der Klasse euren Dialog!

Für dich da

(Diane Rosenblatt)

(Text aus urheberrechtlichen Gründen entfernt)

X

Worum geht es im Gedicht?

Im Gedicht geht es um…

- ☐ Liebe
- ☐ Freundschaft
- ☐ Trennung
- ☐ Gegenseitiges Helfen
- ☐ Ängste

Kreuzt an, welche Aussagen das Gedicht richtig wiedergeben.

☐ Ein Mensch hilft einem anderen Menschen.

☐ Jemand ist für jemanden da.

☐ Jemand beichtet einem anderen seine Liebe.

☐ Eine Person spendet einer anderen Person Trost.

☐ Jemand drückt seine Ängste aus.

☐ Eine Trennung wird thematisiert.

18

Was ist richtig was ist falsch? Kreuze an!

Das Gedicht...	Richtig	Falsch
hat sechs Absätze.		
hat 20 Verse.		
enthält Reime.		
besteht aus sechs Strophen.		
hat 20 Sätze.		
enthält drei gleiche Strophen.		

Was bedeutet für dich für den anderen da zu sein?

jmd. trösten

Für den einen da sein

Verben mit Präpositionen

Ergänzt die fehlenden Präpositionen.

Maria ist eine gute Freundin-sie hat mir schon oft [_____] Problemen geholfen. Sie

beschäftigt sich auch in ihrem Beruf [_____] Menschen die Schwierigkeiten haben

und kennt sich sehr gut aus. Ich wundere mich [_____], wie schnell sie Lösungen

findet und Ratschläge geben kann. Man kann sich wirklich [_____] sie verlassen.

Ihre Zuverlässigkeit und Hilfsbereitschaft unterscheiden sie von [_____] anderen

Menschen. Erst heute habe ich sie wieder [_____]fe gebeten. [_____]

diese Hilfe habe ich mich noch nicht bedankt.

(Bild aus urheberrechtlichen Gründen entfernt)

(Das Bild zeit zwei Frauen in einem Café. Die eine Frau tröstet die andere, während diese bedrückt

nach unten schaut und die Hände vor dem Gesicht hat.)

Bildbeschreibung

Ergänzt die Sätze so, dass ein Text entsteht.

In einem Café ....

die...

und..

Die rechte Frau ....

Sie hält ......

wahrscheinlich...

Während sie...

und sie wirkt ....

Es sieht so aus, als ob sie ....

....

Hausaufgabe:

Schreibt für eine Person die euch zur Seite steht ein Gedicht!

Für dich da

_____

_____

_____

_____

_____

_____

_____

_____

_____

Freundschaftserklärungen

Schreibt in der Gruppe die Freundschaftserklärungen zu Ende.

Ichverbringe gerne mit dir Zeit, weil...

Ich bleibe bei dir, wenn..

Ich melde mich bei dir, damit..

Ich zeige dir dass ich für dich da bin, indem ich..

Ich schreibe ein Gedicht für dich, um .... zu......................................

Ich mag dich, weil...

Peter Härtling: Zum laut und leise lesen. Rowohlt Taschenbuch Verlag, Reinbek bei Hamburg 1978, S. 46/47.

Was ist richtig, was ist falsch? Kreuze an.

	richtig	falsch
Der Text wurde von Peter Härtling geschrieben.		
Im Text geht es um einen jungen Mann der traurig ist.		
Der alte Mann sang ein Lied.		
Der alte Mann tanzte und ein Kreis bildete sich um ihn.		
Eine Frau tröste ihn.		
Ein junger Mann, legte ihm den Arm um die Schulter und tröstete ihn.		

Aufgabe zur Kurzgeschichte

Welche der folgenden Merkmale passen zu einer Kurzgeschichte?

☐ Geringe Textlänge

☐ Offener Schluss

☐ Einleitung

☐ Themen aus dem Alltag

☐ Orte werden genannt

Was versteht ihr unter Trauer und Trost?

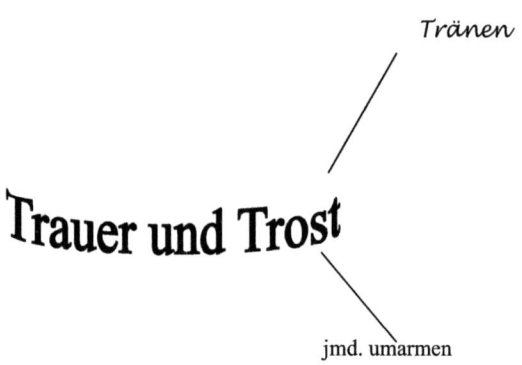

Kreatives Schreiben-Akrostichon

Trotz der schwierigen Zeiten
Ruhen meine Gedanken sanft.
Optimismus
Schließt die
Türen meines Herzens auf.

Schreibt ein Akrostichon zu einem Wort eurer Wahl, dass ihr in der vorigen
Aufgabe notiert habt!

_____

_____

_____

_____

_____

_____

_____

_____

_____

_____

_____

Schreibt ein Gespräch das zwischen dem jungen und dem alten Mann geführt wird.

_____

_____

_____

_____

_____

_____

_____

_____

_____

Unterstreicht im Text bis zu Zeile 10 die Verben im Präteritum und ergänzt die Tabelle.

Regelmäßige Verben		Unregelmäßige Verben	
Infinitiv	Präteritum	Infinitiv	Präteritum
	döste	sein	war
	stellte		stand
	weinte		

PRÄTERITUM = _____

Schwache Verben = _____

Για να σχηματίσουμε το **PRÄTERITUM** των ομαλών ρημάτων, προσθέτουμε στο θέμα τους τις παρακάτω καταλήξεις:

ich	-te
du	-test
er/sie/es	-te
wir	-ten
ihr	-tet
sie	-ten

Beispiel:

ich	fragte
du	
er/sie/es	
wir	
ihr	
sie	

Besonderheiten = _____

Τα ρήματα που το θέμα τους τελειώνει σε **–t** και **–d** παίρνουν σε όλα τα πρόσωπα ένα _____ ανάμεσα στο θέμα και την κατάληξη τους.

Personalpronomen	**arbeiten**	**reden**
ich	arbeitete	redete
du		
er/sie/es		
wir		
ihr		
sie		

29

STARKE VERBEN= _____

Τα ανώμαλα ρήματα αλλάζουν το θέμα τους (π.χ. geben-gab). Για να σχηματίσουμε το **PRÄTERITUM** σε αυτά τα ρήματα, προσθέτουμε στο θέμα τους τις παρακάτω καταλήξεις:

ich	-
du	-st
er/sie/es	-
wir	-en
ihr	-t
sie	-en

Beispiel:

ich	gab
du	
er/sie/es	
wir	
ihr	
sie	

Schreib Sätze. Benutze die Verben im Präteritum.

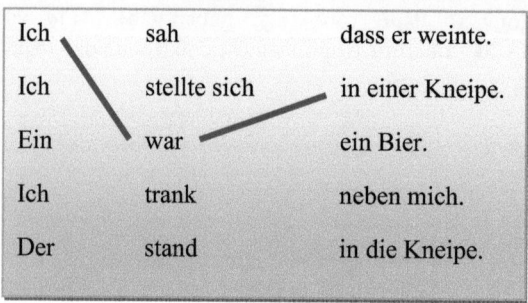

Ich	sah	dass er weinte.
Ich	stellte sich	in einer Kneipe.
Ein	war	ein Bier.
Ich	trank	neben mich.
Der	stand	in die Kneipe.

Ich war in einer Kneipe.

_____

_____

_____

_____

_____

Welches Verb passt? Ordne zu.

1. An der Theke   bekommen
2. In die Kneipe   lehnen
3. Vor sich hin   stehen
4. An die Theke   gehen
5. Eine Nachricht   dösen

Schreibe mit den Verben oben Sätze im Präteritum.

1. Eine Nachricht bekommen.

2. _____

3. _____

4. _____

5. _____

Hausaufgabe

Ergänze den Infinitiv und schreib zu jedem Verb einen Satz in dein Heft!

Präteritum	Infinitiv
kam	
war	
stand	
trank	
lehnte	
bemerkte	
traute	
weinte	
rannen	
bildete	
machte	
sah	
drückte aus	

Ergänze die Tabelle.

	sein	kommen	trinken	lehnen
ich	war		trank	
du				
er/sie/es		kam		lehnte
wir				
ihr				
sie				

Unterrichtsentwurf zum Gedicht „Wir" von Irmela Brender:

Ziele Unterrichts- schritte	Interaktion Unterrichts- geschehen	Sozial- formen	Medien	Erläuterungen	Zeit
1 Begrüßung Einführung in die Unterrichtssprache Motivation der S	L begrüßt die S und, fragt wie L fragt nach dem Datum und bittet einen S es an die Tafel an zu schreiben.	Frontal/ Plenum	L-Stimme S-Stimmen Tafel Stift	Durch die herzliche Begrüßung und das Gespräch wird der Einstieg in die Zielsprache geschaffen. Das Datum wird an die Tafel geschrieben damit die S die gelernten Begriffe (Wochentage, Monate) anwenden.	3 Min.
2 Einführung in die Thematik Interesse wecken Aktualisierung des vorhandenen Wissens in Bezug auf das Thema (Vorwissen aktivieren) Erwartungshaltung aufbauen Antizipation	L sagt den S, dass sie ein Gedicht behandeln werden. Zunächst wird nur der Titel gezeigt; dabei sollen die S ein Assoziogramm ergänzen. Dazu haben die S drei Minuten Zeit; nicht länger, denn es kommt hier auf die ersten Gedanken an. Dann tauschen sich die Schüler in kleinen Gruppen aus und vergleichen ihre Begriffe, die sie aufgeschrieben haben. Erfahrungsgemäß gibt es Übereinstimmungen. Anschließend daran wird im Plenum ein Assoziogramm angefertigt, das an der Tafel gebildet wird.	Einzel- arbeit/ Gruppen- arbeit/ Plenum	L-Stimme S-Stimmen Kopie mit einem Assozio- gramm Tafel Stift Folie	Mit dem Titel des Gedichtes wird eine Erwartungshaltung aufgebaut (Antizipation). (siehe Anhang II)	7 Min.
3 Präsentation mit Übung lautes Lesen, Betonung trainieren selektives LV	L teilt den S die Kopien mit dem Gedicht und der Aufgabe aus. L fordert die S auf die Aufgabe, jeder einzeln für sich zu lesen und fragt anschließend, ob etwas nicht klar ist. Der L trägt das Gedicht mit etwas übertrieben Betonung und Akzentuierung das Gedicht vor. Danach lesen sich die S das Gedicht in Gruppen strophenweise noch einmal vor.	Einzel- arbeit	L-Stimme S-Stimmen Kopie mit dem Text und einer Aufgabe	Damit das Lesen zielgerichtet ist, ist es von unbedingter Relevanz eine Aufgabe, die auf Basis des Textes, gelöst werden muss, mit zureichen. Diese muss vor dem Text von den S einzeln, durchgelesen werden. Lesen und Verstehen setzen Einzelarbeit voraus. Jeder TN hat	8 Min.

	L fordert die S auf den Text, einzeln zu lesen und anschließend Aufgabe zu lösen. L fügt hinzu, dass den TN zwei Minuten für das Lösen der Aufgabe zur Verfügung stehen.			sein eigenes Lesetempo. (siehe Anhang III) Die Aufgabe ist hier inhaltsbezogen und nicht übertragbar.	
4 Kontrolle Verständnis- sicherung	Die Ergebnisse werden im Plenum zusammengetragen.	Plenum	L- Stimme S- Stimmen Tafel	Ziel hier ist die Verständnis- sicherung. Nur so können Fehler korrigiert, Fragen beantwortet und Probleme beseitigt werden.	2 Min.
5 Übung Einführung lyrischer Termini	Der L teilt den S eine Kopie aus und fordert sie auf diese in Gruppenarbeit zu lösen.	Gruppen- arbeit/ Einzel- arbeit	L-Stimme S-Stimmen Kopie	(siehe Anhang IV)	5 Min.
6 Kontrolle Ergebnissicherung	Die Ergebnisse werden im Plenum zusammengetragen	Frontal/ Plenum	L-Stimme S-Stimmen OHP Folie	Ziel hier ist die Ergebnissicherung. Nur so können Fehler korrigiert, Fragen beantwortet und Probleme beseitigt werden.	3 Min.
7 Übung Schreiben „Seine Meinung äußern"	Der L teilt den S eine Kopie aus und fordert sie auf diese in Einzelarbeit zu lösen.	Einzel- arbeit	L-Stimme S-Stimmen Kopie	(siehe Anhang V)	7Min.
8 Kontrolle Ergebnissicherung	Der L fordert die S auf, das was sie notiert haben vor der Klasse vorzutragen.	Plenum	L-Stimme S-Stimmen	Ziel hier ist die Ergebnissicherung. Nur so können Fehler korrigiert, Fragen beantwortet und Probleme beseitigt werden.	5 Min.
9 Kreatives Schreiben Präpositionen Wiederholen	Der L teilt den S eine Kopie mit einer Aufgabe aus. Die S sollen selber ein Gedicht schreiben.	Einzel- arbeit	L-Stimme S-Stimmen	(siehe Anhang VI)	5 Min.
10 Hausaufgaben- erteilung Kreatives Schreiben	L teilt S die Hausaufgaben aus und sagt was sie zu tun haben. L fragt, ob die S alles verstanden haben.	Frontal	L-Stimme S-Stimmen Kopien der Hausaufgabe	(siehe Anhang VII) Die Hausaufgaben sollten nicht am Ende des Unterrichts, sondern vorher, nachdem die Übung abgeschlossen wurde, aufgegeben werden. Die S könnten Fragen haben oder die Aufgabestellung nicht verstehen. Darüber hinaus wird am Ende der Stunde	2 Min.

				meistens nicht zugehört.	
11 "Kreatives Ergänzen" Nebensätze wiederholen	Der L teilt den S eine Kopie mit einer Aufgabe aus. Die S sollen ein Gedicht ergänzen und einen Titel dafür finden. Die Nebensätze werden mit dieser Aufgabe wiederholt.	Einzelarbeit	L-Stimme S-Stimmen Kopie	(siehe Anhang VIII)	8 Min.
12 Reflexion Motivation auf die nächste U-Stunde Dankausgang Verabschiedung	L fragt die S was interessant, was gut, schlecht und schwierig war. Der L teilt den S mit, dass sie auch in der nächsten Stunde ein literarisches Werk behandeln werden, das mit dem Gedicht „Wir" zusammenhängt. Freundschaft, Liebe, Familie etc. sind potentielle Themen. L bedankt und verabschiedet sich.	Frontal/ Plenum	L-Stimme S-Stimmen	Der L berücksichtigt die Bedürfnisse der S. Der Vorgang der Reflexion ist relevant, da er dem Lehrer hilft alles besser einzuschätzen. Darüber hinaus merken die TN auf welche Art sie lernen müssen, welche Strategien sie anwenden sollen.	5 Min.

Unterrichtsentwurf zum Gedicht „Für dich da" von Diane Rosenblatt:

Ziele / Unterrichtsschritte	Interaktion / Unterrichtsgeschehen	Sozialformen	Medien	Erläuterungen	Zeit
1 Begrüßung Einführung in die Unterrichtssprache Hausaufgabenkontrolle Motivation der S	L begrüßt die S und, fragt nach dem Datum und bittet einen S es an die Tafel an zu schreiben. Der L fragt die S ob sie alle die Hausaufgabe erledigt und ein Gedicht geschrieben haben. Die S antworten. Der L fordert die S auf ihre Gedichte vorzulesen.	Frontal/ Plenum	L-Stimme S-Stimmen Tafel Stift	Durch die herzliche Begrüßung und das Gespräch wird der Einstieg in die Zielsprache geschaffen. Das Datum wird an die Tafel geschrieben damit die S die gelernten Begriffe (Wochentage, Monate) anwenden.	8 Min.
2 Einführung in die Thematik Interesse wecken Aktualisierung des vorhandenen Wissens in Bezug auf das Thema (Vorwissen aktivieren) Erwartungshaltung aufbauen	Der L zeigt den S ein Bild und fragt was sie sehen. Die S antworten.	Einzelarbeit/ Gruppenarbeit/ Plenum	L-Stimme S-Stimmen Bild Whiteboard Beamer Laptop	Bilder sind nichtsprachliche Erklärungsverfahren, die das Gedächtnis stützen und motivieren.	2 Min.
3 Übung Bild beschreiben Dialog schreiben	Der L teilt den S ihnen eine Kopie mit dem Bild und zwei Aufgaben aus. L sagt den S, sie sollen sich zunächst das Bild anschauen, danach abdecken und in Einzelarbeit beschreiben. Anschließend daran sollen sie einen Dialog für die auf dem Bild abgebildeten Personen schreiben und ihn vor der Klasse präsentieren.	Einzelarbeit/ Partnerarbeit	Kopie mit Bild und Aufgaben L-Stimme S-Stimmen	(siehe Anhang IX)	8 Min.
4 Kontrolle	Die Ergebnisse d.h. die Dialoge werden in Partnerarbeit vorgetragen	Partnerarbeit	L- Stimme S- Stimmen	Ziel hier ist die Kontrolle. Nur so können Fehler korrigiert, Fragen beantwortet und Probleme beseitigt werden.	2 Min.
5 Präsentation mit Übung	L teilt den S die Kopien mit dem Gedicht und der	Gruppenarbeit/	L-Stimme S-Stimmen	(siehe Anhang X und XI)	6 Min.

Selektives LV	Aufgabe aus. L fordert die S auf die Aufgabe, jeder einzeln für sich zu lesen und fragt anschließend, ob etwas nicht klar ist. Der L trägt das Gedicht mit etwas übertrieben Betonung und Akzentuierung das Gedicht vor. Danach lesen sich die S das Gedicht in Gruppen strophenweise noch einmal vor. L fordert die S auf den Text, einzeln zu lesen und anschließend Aufgabe zu lösen. L fügt hinzu, dass den TN zwei Minuten für das Lösen der Aufgabe zur Verfügung stehen.	Einzel-arbeit	Kopien	Damit das Lesen zielgerichtet ist, ist es von unbedingter Relevanz eine Aufgabe, die auf Basis des Textes, gelöst werden muss, mit zureichen. Diese muss vor dem Text von den S einzeln, durchgelesen werden. Lesen und Verstehen setzen Einzelarbeit voraus. Jeder TN hat sein eigenes Lesetempo.	
6 Kontrolle Ergebnissicherung	Die Ergebnisse werden im Plenum zusammengetragen	Frontal/ Plenum	L-Stimme S-Stimmen	Ziel hier ist die Ergebnissicherung. Nur so können Fehler korrigiert, Fragen beantwortet und Probleme beseitigt werden.	2 Min.
7 Übung	Der L teilt den S eine Kopie aus und fordert sie auf diese in Einzelarbeit zu lösen. Eine richtig-falsch Aufgabe zum Gedicht soll gelöst und ein Assoziogramm mit dem Thema „Für den einen da sein" soll zusammengestellt werden.	Einzel-arbeit	L-Stimme S-Stimmen Kopie mit einer richtig-falsch Aufgabe und einem Assoziogram m	(siehe Anhang XII)	4 Min.
8 Kontrolle Ergebnissicherung	Der L fordert die S auf, das was sie notiert haben vor der Klasse vorzutragen.	Plenum	L-Stimme S-Stimmen	Ziel hier ist die Ergebnissicherung. Nur so können Fehler korrigiert, Fragen beantwortet und Probleme beseitigt werden.	3 Min.
9 Übung Präpositionen wiederholen bzw. anwenden	Der L teilt den S eine Kopie mit einer Aufgabe aus. Die S sollen die Präpositionen ergänzen.	Einzel-arbeit	L-Stimme S-Stimmen Kopie mit Übung	(siehe Anhang XIII)	5 Min.
10 Übung Bildbeschreibung	Der L teilt den S eine Kopie mit einer Aufgabe aus. Die S sollen ein Bild beschreiben.		L-Stimme S-Stimmen Kopie mit Aufgabe	(siehe Anhang XIV)	6 Min.
11 Hausaufgaben-erteilung	L teilt S die Hausaufgaben aus und sagt was sie zu tun haben.	Frontal	L-Stimme S-Stimmen Kopien der	(siehe Anhang XV) Die Hausaufgaben	3 Min.

Kreatives Schreiben	L fragt, ob die S alles verstanden haben.		Hausaufgabe	sollten nicht am Ende des Unterrichts, sondern vorher, nachdem die Übung abgeschlossen wurde, aufgegeben werden. Die S könnten Fragen haben oder die Aufgabestellung nicht verstehen. Darüber hinaus wird am Ende der Stunde meistens nicht zugehört.	
12"Kreatives Ergänzen" Nebensätze wiederholen	Der L teilt den S eine Kopie mit einer Aufgabe aus. Die S sollen ein Gedicht ergänzen und einen Titel dafür finden. Die Neben-sätze werden mit dieser Aufgabe wiederholt.	Einzel-arbeit	L-Stimme S-Stimmen Kopie	(siehe Anhang XVI)	6Min.
13 Reflexion Motivation auf die nächste U-Stunde Dankausgang Verabschiedung	L fragt die S was interessant, was gut, schlecht und schwierig war. Der L teilt den S mit, dass sie auch in der nächsten Stunde noch ein literarisches Werk behandeln werden, das mit dem Gedicht zusammen-hängt. L bedankt und verabschiedet sich.	Frontal/ Plenum	L-Stimme S-Stimmen	Der L berücksichtigt die Bedürfnisse der S. Der Vorgang der Reflexion ist relevant, da er dem Lehrer hilft alles besser einzuschätzen. Darüber hinaus merken die TN auf welche Art sie lernen müssen, welche Strategien sie anwenden sollen.	5 Min.

Unterrichtsentwurf zur Kurzgeschichte „Trauer und Trost" von Peter Härtling:

Ziele Unterrichts- schritte	Interaktion Unterrichts- geschehen	Sozial- formen	Medien	Erläuterungen	Zeit
1 Begrüßung Einführung in die Unterrichtssprache Motivation der S Hausaufgaben- kontrolle	L begrüßt die S und, fragt nach dem Datum und bittet einen S es an die Tafel an zu schreiben. Der L fragt die S ob sie alle die Hausaufgabe erledigt und ein Gedicht geschrieben haben. Die S antworten. Der L fordert die S auf ihre Gedichte vorzulesen.	Frontal/ Plenum	L-Stimme S-Stimmen	Durch die herzliche Begrüßung und das Gespräch wird der Einstieg in die Zielsprache geschaffen. Das Datum wird an die Tafel geschrieben damit die S die gelernten Begriffe (Wochentage, Monate) anwenden.	3 Min.
2 Einführung in die Thematik Interesse wecken Aktualisierung des vorhandenen Wissens in Bezug auf das Thema (Vorwissen aktivieren) Erwartungshaltung aufbauen Antizipation	L sagt den S, dass sie eine Kurzgeschichte behandeln werden. Zunächst wird nur der Titel gezeigt; dabei sollen die S in ihrem Heft ein Assoziogramm ergänzen. Dazu haben die S drei Minuten Zeit; nicht länger, denn es kommt hier auf die ersten Gedanken an. Dann tauschen sich die Schüler in kleinen Gruppen aus und vergleichen ihre Begriffe, die sie aufgeschrieben haben. Erfahrungsgemäß gibt es Übereinstimmungen. Anschließend daran wird im Plenum ein Assoziogramm angefertigt, das an der Tafel gebildet wird.	Einzel- arbeit/ Plenum	L-Stimme S-Stimmen Hefte Whiteboard Whiteboard- stift	Mit dem Titel wird eine Erwartungs- haltung aufgebaut (Antizipation).	3 Min.
3 Präsentation mit Übung lautes Lesen selektives LV	L teilt den S die Kopien mit der Kurzgeschichte und der Aufgabe aus. L fordert die S auf die Aufgabe, jeder einzeln für sich zu lesen und fragt anschließend, ob etwas nicht klar ist. Der L trägt die Kurzgeschichte vor. Danach lesen sich die S noch einmal vor.	Frontal/ Einzel- arbeit	L-Stimme S-Stimmen Kopie mit dem Text und einer Aufgabe	Damit das Lesen zielgerichtet ist, ist es von unbedingter Relevanz eine Aufgabe, die auf Basis des Textes, gelöst werden muss, mit zureichen. Diese muss vor dem Text von den S einzeln, durchgelesen werden.	8 Min.

				Lesen und Verstehen setzen Einzelarbeit voraus. Jeder TN hat sein eigenes Lesetempo. (siehe Anhang XVII und XVIII)	
	L fordert die S auf den Text, einzeln zu lesen und anschließend Aufgabe zu lösen.				
				Die Aufgabe ist hier inhaltsbezogen und nicht übertragbar.	
4 Kontrolle Verständnis-sicherung	Die Ergebnisse werden im Plenum zusammengetragen.	Plenum	L- Stimme S- Stimmen	Ziel hier ist die Verständnis-sicherung. Nur so können Fehler korrigiert, Fragen beantwortet und Probleme beseitigt werden.	2 Min.
5 Übung Einführung einiger Merkmale einer Kurz-geschichte	Der L teilt den S eine Kopie aus und fordert sie auf diese in Gruppenarbeit zu lösen. Anschließend daran sollen die Begriffe zum Thema „Trauer und Trost" notieren.	Gruppen-arbeit/	L-Stimme S-Stimmen Kopie mit Aufgabe und Assozio-gramm	(siehe Anhang XIX)	5 Min.
6 Kontrolle Ergebnissicherung	Die Ergebnisse werden im Plenum zusammengetragen	Frontal/ Plenum	L-Stimme S-Stimmen OHP Folie	Ziel hier ist die Ergebnissicherung. Nur so können Fehler korrigiert, Fragen beantwortet und Probleme beseitigt werden.	3 Min.
7 Übung Kreatives Schreiben	Der L teilt den S eine Kopie aus und fordert sie auf diese in Einzelarbeit zu lösen. Die S sollen zu einem Wort ihrer Wahl, das mit dem behandelnden Thema zusammenhängt, ein Akrostichon schreiben.	Einzel-arbeit	L-Stimme S-Stimmen Kopie	(siehe Anhang XX)	7Min.
8 Kontrolle Ergebnissicherung	Der L fordert die S auf, das was sie notiert haben vor der Klasse vorzutragen.	Plenum	L-Stimme S-Stimmen	Ziel hier ist die Ergebnissicherung. Nur so können Fehler korrigiert, Fragen beantwortet und Probleme beseitigt werden.	3Min.
9 Schreiben	Der L teilt den S eine Kopie mit einer Aufgabe aus. Die S sollen selber einen Dialog schreiben.	Partner-arbeit	L-Stimme S-Stimmen	(siehe Anhang XXI)	5 Min.
10 Bewusstmachung der Grammatik I und II neues	L fragt die TN, ob ihnen im Text etwas aufgefallen ist, ob sie eine neue grammatische Struktur entdeckt haben. Die S antworten. Der L sagt den S	Einzel-arbeit	L-Stimme S-Stimmen Kopien	Alles was mit dem neuen grammatischen Phänomen zu tun hat wird unterstrichen, „gesammelt" und „geordnet".	4 Min.

grammatisches Phänomen „sammeln und ordnen"	sie sollen die Verben, die es im Text zu finden gibt, markieren. L sagt den S, dass ihnen 2 Minuten zur Verfügung stehen, um die Aufgabe zu lösen. S unterstreichen die Wörter im Text. L teilt den TN eine Kopie mit einer Tabelle aus und fordert die TN auf, die unterstrichenen Verben in die jeweiligen Spalten einzutragen.			Das SOS-Prinzip wird angewandt. Die S entdecken die Regel auf diese Weise selbst. Sie werden mit einbezogen und arbeiten autonom. All dies führt die S zu einem Erfolgserlebnis und zur Lernautonomie. (siehe Anhang XXII)	
11 Kontrolle Ergebnissicherung	L fragt wer nicht fertig ist. Die S antworten. Die Antworten werden von den S genannt.	Frontal/ Plenum	L-Stimme S-Stimmen Kopien	Ziel hier ist die Ergebnissicherung. Nur so können Fehler korrigiert, Fragen beantwortet und Probleme beseitigt werden.	2 Min.
12 Bewusstmachung der Grammatik III grammatisches Phänomen „systematisieren" Regelfindung	Der L teilt den S die Kopien aus und fordert sie auf die Lücken zu ergänzen. Die S ergänzen die Regel, konjugieren die Verben wie vorgeschrieben.	Frontal/ Einzel- arbeit	L-Stimme S-Stimmen Kopien	Die Bewusst- machung der Grammatik wird mit optischen Lernhilfen ausgeführt. Das selbstentdeck- ende Lernen wird durch das induktive Vorgehen der Grammatikvermit- tlung, gefördert. Die Muttersprache sollte berücksichtigt werden. Wenn es um Grammatiktermi- nologie geht ist die Muttersprache eine wichtige Verstehenshilfe. (siehe Anhang XXIII und XXIV)	4 Min.
13 Übung Grammatisches Phänomen „üben"	Der L teilt den S zwei Kopien mit zwei Übungen aus. Die S lösen die Übungen.	Einzel- arbeit	L-Stimme S-Stimmen Kopien	(siehe Anhang XXIV und XXV)	5 Min.
14 Kontrolle Ergebnissicherung	L fragt wer nicht fertig ist. Die S antworten. Die Antworten werden von den S genannt.	Plenum/ Frontal	L-Stimme S-Stimmen Kopien	Ziel hier ist die Ergebnissicherung. Nur so können Fehler korrigiert, Fragen beantwortet und Probleme beseitigt werden.	2 Min.
12 Hausaufgaben- erteilung	L teilt S die Hausaufgaben aus und sagt was sie zu tun	Frontal	L-Stimme S-Stimmen	(siehe Anhang XXVI)	2 Min.

43

	haben.		Kopien der	
Grammatisches Phänomen „anwenden"	L fragt, ob die S alles verstanden haben.		Hausaufgabe	Die Hausaufgaben sollten nicht am Ende des Unterrichts, sondern vorher, nachdem die Übung abgeschlossen wurde, aufgegeben werden. Die S könnten Fragen haben oder die Aufgabestellung nicht verstehen. Darüber hinaus wird am Ende der Stunde meistens nicht zugehört.	
13 Grammatik Verben im Präteritum konjugieren	Der L teilt den S eine Kopie mit einer Aufgabe aus. Die S sollen Verben konjugieren.	Einzel-arbeit	L-Stimme S-Stimmen Kopie	(siehe Anhang XXVII)	3 Min.
14 Kontrolle Ergebnissicherung	Der L fragt die S ob sie fertig sind. Die S antworten. Anschließend daran werden die konjugierten Verben auf dem Whiteboard notiert.	Plenum	L-Stimme S-Stimmen Whiteboard Whiteboard-stift		1 Min.
15 Reflexion Motivation auf die nächste U-Stunde Dankausgang Verabschiedung	L fragt die S was interessant, was gut, schlecht und schwierig war. L bedankt und verabschiedet sich.	Frontal/ Plenum	L-Stimme S-Stimmen	Der L berücksichtigt die Bedürfnisse der S. Der Vorgang der Reflexion ist relevant, da er dem Lehrer hilft alles besser einzuschätzen. Darüber hinaus merken die TN auf welche Art sie lernen müssen, welche Strategien sie anwenden sollen.	3 Min.